KB110251

철학과 나침반 증보판

철학과 나침반 증보판

발행일 2023년 4월 10일

지은이 최동석
펴낸이 손형국
펴낸곳 (주)북랩
편집인 선일영
디자인 이현수, 김민하, 김영주, 안유경
마케팅 김회란, 박진관
편집 정두철, 배진용, 윤용민, 김부경, 김다빈
제작 박기성, 황동현, 구성우, 배상진
출판등록 2004. 12. 1(제2012-000051호)
주소 서울특별시 금천구 가산디지털 1로 168, 우림라이온스밸리 B동 B113~114호, C동 B101호
홈페이지 www.book.co.kr
전화번호 (02)2026-5777 팩스 (02)2026-5747

ISBN 979-11-6836-830-9 03100 (종이책) 979-11-6836-831-6 05100 (전자책)

철학은 사회의 의미있는
나침반이 되어야 한다

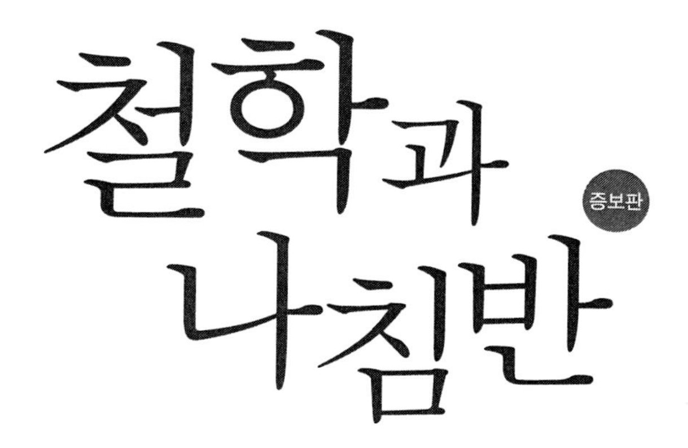

최동석 지음

철학적 사유의 短想(단상)들

00. 머리말

이 책은 필자가 철학공부를 하면서 깨달은 사유의 短想(단상)을 적어 내려간 것이다.

철학은 지식의 차원으로 끝나면 그 의미가 퇴색된다. 지식을 바탕으로 철학적 사유로 발전시켜야 온전히 자신의 것이 되는 것이다.

이 책의 글도 마찬가지이다. 읽으면서 비판도 해보고, 사유의 조각을 덧붙여보고 하면서 자신의 철학적 사유능력을 발전시키길 바란다. 철학적 사유능력은 결코 단시간 내에 길러지는 것이 아니다. 오랜 시간 책도 읽고, 자신만의 생각을 정리도 해보고 하면서 길러지는 결과물인 것이다.

그리고 사회 혹은 국가에서 철학적 사유능력이 전체적으로 풍성해질 때 그 사회 혹은 국가는 올바른 길을 찾아 나아갈 수 있다.

2년여의 작업이 마무리되어가는 시점에 성취감보다는 아쉬움이 남는다. 하지만 그러한 부족함이 나를 더 발전시키는 원동력이 될 수 있다고 믿으며 글을 마치고자 한다.

끝으로 부족한 아들을 끝까지 후원해주신 아버

지께 특별히 감사의 말을 하고 싶다. 아들이 하고자 하는 일이라면 무슨 일이든 지원을 해주셨다. 그리고 아버지의 그러한 헌신적인 도움이 없었다면 결코 이 책도 세상에 빛을 보지 못했을 것이다.

2021.10.22

깊어가는 가을밤, 꿈같이 흘러온 시간들을 追懷(추회)하며

根巖(근암) 최동석 씀

목차

part B

part C

part D

part E

part A

01.

철학과 나침반

철학이란 무엇인가? 그리고 그렇게 뜬구름 잡듯 어렵기만 한 철학이 우리 삶에 어떤 이익을 가져다주는가? 본래 철학은 어려운 것일까?

이런 질문만 받아도 머리가 아파지는 사람이 있을 듯싶다. 그러나 철학은 본래 그렇게 어려운 것이 아니다. 일상에서 부딪히는 일들에 사색의 힘을 덧붙이면, 그리고 그것이 쌓이면 철학인 것이다. 철학은 이론으로만 끝나면 사실상 그 의미가 퇴색되는 것이다. 그러한 사색의 힘으로 얻은 깨달음이 행동으로 이어져야 본래의 기능을 다 하는 것이다. 필자는 실제로 철학공부를 많이 한 사람들 중에, 학식은 많지만 그의 인품이랄까 어쨌든 깨달음이 행동으로 나타나지 못하고, 오히려 자신만의 까다로운 기준을 강화하여 원만한 인간관계를 영위하지 못하는 사람들을 많이 봤다. 그리고 단언한다. 그런 철학은 필요없다고.

철학은 한마디로 말하자면 '잘 살기'이다. 영어로 하면 '웰빙', 즉 마음의 웰빙라고 할 수 있다. 그리고 사람은 사람답게 잘 살아야 하기에 '인간답게 잘 살기'라고 철학을 정의 내리고 싶다.

왜 '인간답게'라는 말을 붙였는가?

잘 산다는 기준이 백이면 백 모두 다를 수 있기 때문이다. 어떤 사람은 부자라야 잘사는 것이라고 할 수 있고, 또 어떤 이는 꼭 부자는 아니더라도, 먹고살 만큼의 풍요에 가족의 행복이라고 할 수도 있을 것이다.

그러나 공통적으로 '인간답게' 잘 살아야 한다. 부자도 부자로서 인간다운 모습을 갖춰야 하고, 또 수도승 또한 '인간답게' 도를 닦아야 한다.

그러면 그런 철학이 사회에, 국가에 무슨 효용을 갖는가?

나는 개인 혹은 사회와 철학의 관계를 '배와 나침반'에 비유한다. 즉, 배에 있는 나침반은 물리적인 면에서는 아주 작은 부분이지만, 나침반이 없을 때, 혹은 제대로 작동하지 않을 때 개인 혹은 사회는 길을 잃고 표류하다가 결국 좌초되고 만다. 이렇듯 우리가 어디로 가고 있는가? 그리고 어디로 가야 하는가? 에 대한 물음에 답을 줄 수 있는 것이 철학이다.

그렇다면 이러한 철학이 왜 그렇게 어려워졌는

가? 여기서 필자는 '어렵다'가 아니라 '어려워졌다'라는 표현을 썼다. 필자는 우스갯소리로 '철학자는 쉬운 얘기를 어렵게 하는 데 탁월한 재주가 있는 사람들이다'라고 이야기한다. 왜냐하면 철학은 정답이 없는 학문이고 그렇기에 자신만의 주장을 입증하기 위해 온갖 어려운 수식과 표현을 동원하기 때문이다.

그러나 결코 철학은 원래 그렇게 어려운 것이 아니다. 그리고 앞으로 전개될 글을 통해 철학이 어렵기만 한 것이 아니라는 것을 증명해 나갈 것이다. 독자들이 그 과정 속에서 열리는 열매를 맛있게 먹을 수 있기를 기대해본다.

02.
철학적 지식과 철학적 사유

철학적 지식과 철학적 사유의 차이점과 의의에 대해서 이야기하고자 한다. 흔히들 '철학은 가르칠 수는 있지만, 철학하는 것을 가르칠 수는 없다'라고 말한다. 무슨 뜻일까?

철학을 가르칠 수 있다는 말은 철학적 지식을 가르칠 수 있다는 말이다. 반면 철학하는 것을 가르칠 수 없다는 것은 철학적 사유 능력은 가르칠 수 없다는 말이다. 그렇다면 철학적 지식과 철학적 사유는 어떻게 다른가?

철학적 지식이라는 것은 예를 들면 소크라테스가 '너 자신을 알라'라고 말했다던가, '플라톤이 이

데아론을 주장했다'와 같은 것들이다. 그리고 이는 단순한 암기사항이며, 언제든 책이나 인터넷 검색을 통해 습득될 수 있는 것이다. 이에 반해 철학적 사유는 철학적 지식을 바탕으로 해서 이끌어낸 삶의 의미 있는 메시지를 말한다.

공자는 제사를 중시하고 부모에 대한 3년상을 매우 중요하게 생각했다. 심지어 어느 제자가 3년상이 너무 길다고 푸념을 늘어놓았을 때 불같이 화를 내기도 했다. 이러한 3년상은 현대에서 철학적 지식으로 접근하면 아무 의미 없는 말이 된다. 오늘날 21세기에 부모에 대해 3년상을 치루자고 주장하면 아무도 그의 말을 듣지 않을 것이기 때문이다. 하지만 철학적 사유를 통하면 그 의미를 통해 삶의 교훈을 얻을 수 있다.

유교는 대가를 바라지 않는 선행을 강조한다. 그리고 부모의 자식에 대한 사랑이 그 대표적인 것이다. 보통의, 인간다운 인간이라면 그러한 부모의 사랑에 대해 감사한 마음을 갖는 것이 인지상정이다. 이는 누가 가르쳐서 아는 것이 아니고 인간이라면 당연히 느껴야 하는 감성이다. 이러한 감성을 바탕으로 한 행위가 효라는 것이다. 이는 어떤 손익, 득실을 따지는 차원이 아니다. 공자가 3년상을 주장한 것은 그만큼 인간다움으로서 부모의 사랑에 대해 인간다운 감성을 갖기를 바랐던 맥락으로 해석할 수 있다.

이와 같이 철학을 지식으로 접근하면 아무 의미를 가질 수 없는 공허한 메아리가 된다. 그러나 철학적 사유를 거친 철학적 지식은 삶에 의미 있는 교훈으로 다가오게 되는 것이다. 이런 의미에서 철학적 지식을 통해서 철학적 사유를 끌어낼 수 있는 인간이라야 진정한 철학적 인간이라고 할 수 있는 것이다.

03.

선악의 이분법적 사고의 폐해

나와 상대를 선악으로 구분해서 생각하는 방식은 우리에게 너무나 익숙한 사고방식이다. 하지만 결코 유익하지 않을뿐더러 그 해악이 무척 크다고 할 수 있다.

세상에 자신이 악이라고 생각하는 사람은 없을 것이다. 그런데 상대방이 자신을 악으로 규정하고 응징하려 들면, 결국 나 또한 상대방을 악으로 보게 된다. 그러나 '악으로 악을 치는 것은 악의 악순환'일 뿐이다.

1991년 미국이 이라크에 대한 걸프 전쟁을 수행

했다. 당시 이라크는 대통령이 사담 후세인이었는데 쿠웨이트를 침공했다. 그리고 미국은-당시 대통령은 아버지 부시였다- 이를 구실로 사담 후세인을 악으로 규정하고 무차별 폭격을 감행했다. 그리고 아들 부시 때에 재차 전쟁을 해서 사담 후세인을 체포하는 데 성공하였다. 그 과정에서 수많은 민간인 사상자가 발생한 것은 물론이다. 십여 년이 흐른 후, 그곳에서 자란 악의 씨앗이 9.11테러의 원인이 되기도 하고, 이슬람연합(IS)을 만들어서 온갖 악행을 저지르고 있다. 결국 악의 악순환인 것이다.

이러한 선과 악의 대결구도는 할리우드 영화를 비롯해서 수많은 영화의 단골 소재이기도 하다. 심지어 어린이들도 보는 애니메이션의 주제도 선과 악의 대결에서, 선이 악을 응징하는 내용인 것이 비일비재하다.

반면 우리의 전래동화를 살펴보자.

홍보전에는 착한 동생 홍보와 악덕인물인 형 놀부가 등장한다. 그리고 놀부는 온갖 못된 짓을 홍보에게 행하지만, 결국은 홍보가 제비의 도움으로 부자가 되고, 놀부는 그런 못된 심보 때문에 패가망신하게 된다. 하지만 결론엔 홍보가 거지가 된 형 놀부를 끌어안는 것으로 끝이 난다. 춘향전도 탐관오리 변학도가 암행어사가 되어 돌아온 이도령에 의해 응징되고, 춘향이와 함께 재회하는 해피엔딩으로 끝맺는다.

홍보전이나 춘향전이나 모두 권선징악이 주제이지만, 선을 권하는 데 초점이 있지, 악을 무자비하게 징계하는 데 초점이 있지 않다. 춘향전의 경우 변학도가 벌을 받고 쫓겨나는 장면은 아주 간략하게 다루고 있지, 어떻게 벌을 받고 하는 구체적인 서술이 없다.

결국, 너무나 익숙하지만, 선악의 이분법적 사고는 벗어나야 하는 절박성이 요구되는 사고방식이다. 세상에 절대악은 없다고 생각한다. 그리고 절대악에 기반한 사고는 악의 악순환만이 이어지며 재앙의 씨앗일 뿐이다.

04.

공자는 남녀차별적 의식을 가졌는가?

흔히들 유교국가의 남아선호사상 및 남녀차별의식의 원인으로 유교를 꼽곤 한다.

그렇다면 유교의 원류라 할 수 있는 공자는 남녀차별의식을 갖고 있었을까?

결론부터 말하자면 '아니다'이다.

논어를 비롯한 여타 유교문헌에서 공자의 여성에 관한 발언은 거의 찾아볼 수가 없다. 오히려 공자는 이런 쪽에 무관심했다고 하는 편이 정확할 것이다.

그렇다면 어디서부터 이런 의식이 생겨났을까?

공자는 제례의식을 무척 중요시했다.

하늘에 대한 제사부터 조상에 대한 제사까지 제례를 자손들의 인간으로서 당연한 의무인 양 생각했다.

그런데 전통적으로 이러한 제사의 장은 남자였다. 아마도 국가가 성립되면서 남성중심사회가 된 것이 그 이유인 듯싶고, 공자는 이러한 전통에 아무 의심 없이 받아들인 듯싶다.

즉, 이러한 전통은 공자가 만들어낸 것이 아니라 그 이전부터 전해 내려오는 관습과도 같은 것이었다.

어쨌든 한 가족의 제사를 잇기 위해서는 아들이 반드시 필요했고, 이는 딸보다 아들을 선호하는 남아선호사상으로 이어진 것이다.

원래부터 유교가 남아선호사상을 가지고 있었던

것은 아니고, 제사를 중시하다 보니, 그리고 그 제사의 장은 남자여야 한다는 전통이 내려오다 보니 그렇게 굳어진 것이라고 보는 편이 더 정확할 것이다.

05.

전쟁의 기원에 대하여

개미 부족과 베짱이 부족이 있었다.

여름내 열심히 농사를 지은 개미 부족과 달리 베짱이 부족은 게으름을 피웠다. 그 결과 가을에 개미 부족은 풍족한 수확을 거둔 반면, 베짱이 부족은 보잘것없는 가을걷이를 하게 된다. 가을은 그럭저럭 보낸 베짱이 부족에게 문제는 겨울이었다. 양식이 떨어진 베짱이 부족은 개미 부족에게 찾아가 도와줄 것을 요청한다. 그러나 문전박대하는 개미 부족.

베짱이 부족에게 선택지는 굶어죽느냐 싸워서 빼앗느냐 두 가지밖에 없었다. 결국 베짱이 부족은 개미 부족을 상대로 싸움을 벌여 식량을 탈취하게 된다. 식량을 빼앗기고 부상을 당한 개미 부족은 이웃 개미 부족에게 도움을 청하고 이에 두 개미 부족은 힘을 합쳐서 베짱이 부족에게 복수를 한다.

베짱이 부족은 베짱이 부족대로 굶어죽지 않기 위해 어쩔 수 없는 행동이었고 선택의 여지가 없었다. 어쨌든 베짱이 부족은 베짱이 부족대로 이웃 베짱이 부족과 연합을 한다.

두 종족 사이에 대규모 싸움이 벌어지게 되고, 결국 주변 개미 부족은 개미 부족대로 뭉치고 베짱이 부족 역시 이웃 베짱이 부족과 연합해서 규모를 키워간다.

결국 효과적인 싸움을 수행하기 위해 부족 수준의 집단이 변하여 국가를 형성하고, 이는 개미 국과 베짱이 국의 전쟁으로 발전해 나가게 된다.

위의 우화는 인류의 전쟁이 어떻게 생겨나게 됐는지를 보여주기 위한 이야기이다.

선사시대 어느 시점, 농사의 발달과 부족 간 사유재산이 생겨난 가운데, 겨울에 식량이 떨어져 생사의 기로에 놓이게 된 부족이 풍족한 수확을 거둔 이웃 부족에게 선택의 여지가 없는 싸움을 하게 되고, 이러한 부족 간 싸움이 확대되어 전쟁으로 변화해 갔다는 것이다.

여기서 주의해야 할 것은 단순한 싸움과 전쟁의 구분이다.

단순히 사이가 틀어져서 생겨난 다툼을 전쟁이라고 하지 않는다. 또한 조직폭력 세력 간의 다툼을 패싸움이라고 하지 전쟁이라고 부르지 않는다.

전쟁이란 대규모적이고, 계획적이며, 체계적인 지휘체계를 갖춘 국가 간의 싸움을 일컫는 것이다. 이와 같은 설명을 덧붙이는 것은 최초의 전쟁 이전에 도 싸움은 있어 왔을 거란 추측이다.

이러한 싸움과 구분되는 전쟁은 농사의 발달과 부족 간의 사유재산이 생겨난 이후 발생되었다는 것을 말하려는 것이다.

결국 전쟁이란 먹고살기 위해 빼앗고 빼앗기지 않으려는 집단 간의 충돌이 시발점이다. 이는 단순한 폭력성만으로 설명하기 어렵고, 굶어죽지 않기 위한 선택의 과정에서 생겨났다는 것이 필자의 주장이다.

그리고 이러한 전쟁의 유전자가 수천 년간 인간에게 심어져 내려왔다면, 인류에게 전쟁이란 피할 수 없는 재앙인 것이다.

06.

용서한다는 것의 의미

흔히 용서한다는 것은 뭔가 고귀하고 숭고한 행위로 인식되는 경향이 있는 듯하다. 필자는 용서의 다른 측면을 고찰하려고 한다.

예전에 법정 스님은 용서라는 말이 뭔가 수직적인 느낌이 나서 그리 내키지 않는다는 말씀을 하신 적이 있다.

용서라는 행위를 가만히 살펴보면 용서하는 사람과 용서받는 사람이 존재하게 된다.

그리고 보통 용서받는 사람은 용서하는 사람에게 죄인으로 인식되게 된다. 그런 죄인으로 존재가 확정된 후에 이루어지는 행위가 용서이다.

필자는 용서라는 말보다 이해한다는 말을 더 좋아한다. 당장은 화가 나고, 잘못을 한 상대가 죄인으로 느껴질지 모른다. 하지만 세월이라는 매개체가 그런 사건의 당사자에 대해 용서 대신 이해라는 감정으로 바꾸어 준다.

이해를 한 후엔 '나쁜 사람이었군', '철이 덜 들었던 사람이었어' 혹은 '그 당시 그 사람에겐 그런 사정이 있었겠군' 등 그 당시에는 생각할 수 없었던 다른 측면이 보이기도 한다.

그러고 나서 그 사람에 대해서 객관적인 평을 할지언정 내 기억 속에 죄인으로 저장하진 않게 된다.

반면 용서라는 말은 상대를 나에 대해 죄인으로 '유죄판결을 내린 후' 이루어지는 감정이다.

용서는 할지라도 상대는 나에게 오랫동안, 어쩌면

평생 죄인으로 각인되어 존재하게 된다.

나는 용서라는 말이 선뜻 내키지 않는다.

대신 나에게 잘못한 사람에게 이해라는 행위를 적용시키고 싶다.

그리고 시간이 흐른 후에 '그 사람은 나쁜 사람이었어'라고 이야기해도 될 듯싶다.

용서보다는 이해라는 감정이 더 가슴에 와닿는다.

part B

07.

정신과 육체의 관계

이번 장에서는 정신과 육체의 관계에 대해 살펴보려 한다. 정신과 육체의 문제는 철학자들, 특히 근대 철학자들의 집중적인 연구대상이 되어왔다. 그리고 대부분 정신의 육체에 대한 우월성을 강조하며 정신의 중요성을 강조해왔다.

즉, 정신은 고결한 것으로 묘사된 반면 육체는 흔히 肉慾(육욕)으로 더럽혀질 수 있는, 정화의 대상으로 간주되어왔다. 여기서는 비유를 통해서 정신과 육체의 관계를 새롭게 고찰하려 한다.

코끼리와 코끼리를 타고 있는 기수가 있다. 그리

고 코끼리를 타고 있는 기수는 코끼리를 통제하고 명령한다. 여기서 코끼리는 육체를 상징하고 코끼리를 타고 있는 기수는 육체를 지배하는 정신을 나타낸다.

언뜻 보기엔 기수가 코끼리를 통제하기 때문에 기수가 더 중요해 보인다. 기수가 잘 조정해야 코끼리가 올바른 방향으로 움직일 수 있기 때문이다. 코끼리가 웅덩이를 피해가고, 낭떠러지에서 정지하는 지시를 내리는 것은 기수이다.

그러나 이렇게 기수의 명령이 잘 듣기 위해선 코끼리가 훈련이 되어있어야 한다. 훈련이 안 되어 있는 코끼리라면 기수의 명령을 어기고 마음대로 움직여서 웅덩이에 빠지고, 낭떠러지에 돌진하게 되는 것이다.

정신과 육체의 관계도 마찬가지이다. 정신이 아무리 고결한 듯 보여도 육체가 그 정신에 따라 움직일 준비가 안 되어 있으면 말짱 헛일이다.

세상에 도둑질을 해서는 안 된다는 것을 모르는 사람은 없다. 그러나 도둑질을 하게 되는 것은 육체가 정신의 명령에 따라 움직이도록 훈련이 안 되어 있기 때문이다.

이는 지행합일의 문제와도 관련이 있는 듯 보인다. 아무리 고차원적인 도덕률을 알고 있어도 몸이, 육체가 이를 따르지 않으면 아무 소용이 없는 것이다.

08.

종교로서의 유교의 가치와 역할

먼저 유교가 종교인가 아닌가의 문제부터 논의해보자.

내세관과 절대자의 존재여부가 종교의 필수요건이라고 한다면 유교는 종교가 아니다.

반면 마음의 내적 정화기능으로서의 종교의 측면에서 보면 유교는 종교이다.

유교가 종교이든 아니든 한국 사회에서 매우 중요한 역할을 하고 있다.

먼저 유교에는 뚜렷한 내세관이 없다. 논어에 나오는 다음 구절을 보자.

계로가 귀신 섬기는 일에 대하여 물으니,

공자가 말하길 "미처 사람도 제대로 섬기지

못하면서, 어찌 귀신을 섬길 수 있겠느냐?"

"감히 죽음에 대해 여쭙겠습니다."

"아직 삶도 모르는데 어찌 죽음을 알겠느냐?"

〈논어 선진편〉

뚜렷한 내세관이 없다는 건 그만큼 다른 종교와의 갈등의 소지가 적다는 의미라고 할 수 있다. 종교갈등에 있어서 결코 결론이 나지 않는, 끝이 없는 논쟁거리가 될 수 있는 것이 내세관이 서로 다르기 때문이다.

여기에 유교의 역할과 가치가 있는 것이다.

현대 한국 사회에서 자신의 종교를 유교라고 말하는 이는 거의 없다. 그러나 유교는 한국 사회에서 공기와 같은 존재이다. 알게 모르게 그 영향권에 있기 때문이다.

효를 강조한다거나 웃어른에 대한 공경을 칭찬하는 경향이 바로 그것이다.

반면 불효에 대해 부도덕하다며 비난을 하거나 웃어른에 대한 예의를 중시하는 것이 바로 유교의 영향이라고 할 수 있다.

유교의 또 하나의 강점은 '예禮'의 강조이다. 예를 통해 타인과의 갈등을 해소하려는 풍조가 짙다. 다른 생각을 가진 이와의 논쟁에서도 '예'를 통하면 과정만큼은 수긍을 한다. 그 반대의 경우 비난의 화살을 맞게 된다.

많은 종교학자들이 한국에 종교분쟁이 거의 없음을 경탄한다고 한다. 바로 한국 사회에 공기와 같이 존재하는 유교의 힘이라고 할 수 있으며, 유교는 모든 종교의 화합의 중심축이 될 수 있다.

09.

공자와 시경

공자에게는 특별한 스승이 없다고 알려져 있다. 그저 당시의 시, 서, 역, 예기 등 옛 문헌들을 두루 섭렵했을 뿐이다. 그렇다면 그 무엇이 공자, 특히 공자의 정신세계를 형성했을까?

필자는 시詩의 역할에 주목한다. 시란 쉽게 말해서 당시 대중음악의 가사이다. 현대로 말하자면 가요, 가곡 등인 것이다. 그리고 공자는 이러한 음악에 심취했었다.

> '공자는 남과 함께 노래를 부르다가 그 사람이 잘하면 반드시 다시 부르게 하고, 뒤에 화답했다.'
>
> <논어 술이편>

특히 전해 내려오는 3000여 곡의 음악 중에 빼어난 작품 300여 편을 취해서 시경을 편집했다고 전해진다. 곰곰이 생각해 볼 것은 그렇게 많은 음악 중에서 300여 편을 추려낸다는 것은 그 방면에 웬만한 식견이 없고서는 불가능하다. 그리고 이러한 음악이 공자의 감성, 정신세계를 형성하는데 지대한 역할을 했다.

> 공자가 말했다. '시경 삼백수를 한마디 말로 나타낸다면 생각에 사특함이 없는 것이다.'
>
> <논어 위정편>

공자가 제자에게 한 말인데, 그가 시경을 중요시했다는 것은 논어에 시경이 많이 인용되어있고, 시경에 대한 공부를 강조한 데서 알 수 있다.

> 공자가 백어에게 말했다. '너는 주남과 소남을 공부했느냐? 사람으로서 주남과 소남을 공부하지 않으면 아마 담장을 마주하고 서 있는 것과 같을 것이다.'
>
> *〈논어 양화편〉*

여기서 백어는 공자의 아들이고, 주남과 소남은 시경의 편명이다.

그만큼 교육에 있어 시경을 중시했던 것이다.

그렇다면 대중음악의 가사집인 시경은 이성의 영역인가 아니면 감성의 영역인가? 음악은 감성의 영역인 것이며, 공자는 참된 인간으로서 먼저 감성의 고결함을 강조했다. 그리고 그러한 바른 감성의 토대 위에서 인간으로 바로 설 수 있다고 생각한 것이다.

요즘 들어 인성의 중요성이 대두되고 있다. 그리고 공자의 주장에 따르면, 좋은 음악을 듣는 것 이상의 인성교육은 없는 것이다.

참고로 그리스의 철학자 플라톤은 시가 마음을 나약하게 만든다고 하여 '시인추방론'을 주장했는데, 이 점에서 공자의 시에 대한 인식과 극명하게 대비된다.

10.
마키아벨리의 정치술의 한계와 독재정치

마키아벨리가 말하는 정치는 두 가지의 전제조건을 필요로 한다. 즉, 무법상태와 왕정시대라는 두 가지의 요건을 충족시키는 경우에만 그 효용성을 가질 수 있는데 마키아벨리가 살았던 시대의 이탈리아가 바로 그런 모습이었다.

그러나 법치주의와 민주국가에서 이는 위험한 정치술로 둔갑하게 된다. 무법상태라는 것은 어떤 행위를 해도 위법이 되지 않는다. 또한 왕이 군림하는 왕정시대는 종신집권이 사회적으로 용인되는 시대이다.

마키아밸리의 정치술을 법치주의와 민주국가에 적용한다고 가정해보자. 일단 위법적인 행위는 법의 심판을 받게 된다. 또한 왕정시대가 아니기에 권력을 누릴 수 있는 기간이 한정되어 있고, 권력에서 내려온 이후부터 집권기간 동안 행한 위법행위에 대한 법의 심판을 받게 된다.

그렇다면 집권자가 종신집권을 획책하면 어떻게 될까?

국민이 민주주의에 정치사상적 뿌리를 두고 있는 사회에선 끊임없는 대중적 저항에 직면하게 되고, 이에 맞서기 위해 폭력을 사용하기 마련이다. 그리고 폭력은 더 큰 폭력을 낳고, 결국 악의 악순환에 빠져들게 된다.

무엇이든지 100퍼센트 옳은 진리도 없고, 100퍼센트 틀린 이론도 없다. 독재정치를 생각할 때 흔히 반드시 척결해야 할 정치라고 생각하기 쉽지만 독재정치가 차선인 사회도 있다. 최선이 도저히 행해지지 않을 땐 차선이 최선이 되는 것이다.

예전에 후세인 대통령이 이라크를 지배하던 경우가 바로 그런 경우에 해당한다. 이는 이라크라는 당시의 국가의 특수성에 기인하는 것인데, 일단 이라크는 여러 민족이 얽히고설켜 있는 사회이다. 그리고 이러한 여러 민족이 한 국가 내에 존재한다 하더라도 조화를 이루며 사는 모습이라면 문제가 되지 않지만, 이라크는 그렇지 않았다. 여러 민족이 호시탐탐 해할 기회만을 엿보는 그런 모습이었다.

이런 곳에서는 차라리 후세인과 같은 강력한 인물이 권력을 틀어쥐고 평화를 유지하는 것이 차선이 되는 것이다. 물론 후세인과 직간접적으로 연결되어있는 소수의 인물들은 정치적 희생물이 될 수도 있지만, 그래도 그것이 전체국가를 평화적으로 유지하는 길이기에 최선은 못 되도 차선은 되는 것이다.

이렇게 독재정치가 필요한 상황이 분명 존재한다. 그러나 그런 경우가 아니라면, 대부분의 독재정치는 사회적 갈등을 증폭시키게 되고, 결국엔 증폭된 갈등이 폭발하게 되어 그 사회의 존립을 위태롭게 만든다.

소위 결과적 성과만을 위해 과정을 등한시하는 정치성향을 가진 정치인들은 항상 경계해야 한다.

11.

자본주의 속 사회주의의 역할

흔히들 적어도 우리나라에서는 좌파라고 하면 자본주의와 반대되는, 사회주의나 공산주의를 표방하는 사람으로 여겨진다. 그리고 자본주의의 수호를 위하여 척결되어야 할 대상으로 공격을 받곤 한다. 과연 그럴까?

유럽에서 싹이 튼 자본주의는 초기에는 노동착취와 같은 인권의 문제가 많이 발생하였다. 그리고 그에 대한 반발로 나온 것이 마르크스의 〈자본론〉이다. 그리고 자본주의가 심화될수록 자본가와 노동자의 대립은 심해진다. 급기야 노동자들이 혁명을 일으켜서 자본주의를 타도하고 공산주의 국가를 건립한다고 마르크스는 주장한다.

어쩌면 마르크스가 〈자본론〉을 통해서 그러한 주장을 하지 않았다면 그렇게 되었을지도 모를 일이다. 그러나 마르크스의 경고를 귀담아 들은 국가의 설계 및 운영을 주도하는 이들은 이른바 수정자본주의라는 경제체제를 채택한다. 순수한 자본주의에 ‘좌’적인 요소를 혼합시켜 자본주의의 붕괴를 막은 것이다.

그리하여 자유계약의 원칙을 비롯해서 자본가에게 절대적으로 유리할 만한 요소들을 조금씩 좌로 틀어서 노동자 쪽으로 옮겨놓았다. 그래서 경제학자들은 현대에서 순수 자본주의 경제체제는 없다고 이야기한다.

만일 국가를 운영하는 사람들이 경제체제를 조

금씩 '좌클릭' 해놓지 않았다면, 다시 말해 수정자본주의 대신 순수한 자본주의를 고집했다면, 마르크스의 예언은 맞았을지 모른다.

결론적으로, 우로 기울어있던 경제체제에 좌파가 균형을 맞춤으로써 자본주의는 그 생명력을 유지할 수 있었다는 아이러니가 성립하는 것이다.

12.

장자가 말하는 행복론

인생의 목적이 무엇이냐고 물어보면 아마도 가장 높은 비율을 차지하는 것이 '행복'일 것이다. 돈을 벌려고 하는 것도, 좋은 학교에 가려는 것도, 남들과의 경쟁에서 앞서려는 것도 그 귀결점은 '행복을 위해서'인 경우가 많다.

이 장에서는 장자가 말한 행복에 대해서 이야기 해보겠다.

大鵬(대붕)과 작은 새는 서로 그 능력이 다르다. 대붕은 수만 리를 날아갈 수 있는데 작은 새는 나뭇가지 사이를 가까스로 날 수 있을 뿐이다. 그러나 양자는 자기가 할 수 있고 하기 좋아하는 일을 할 때는 둘 다 행복하다. 그러므로 만물의 본성 속에는 절대적인 획일성도 없고 또 그러한 획일성을 필요로 하지도 않는다.

그러므로 '오리 다리가 비록 짧지만 이어주면 걱정거리가 되고, 학의 다리가 비록 길지만 끊으면 슬픈 일이다. 그러므로 본성이 긴 것은 잘라서 안 되고, 본성이 짧은 것은 이어서는 안 된다.' 〈장자 소요유편〉

장자의 이 글을 읽어보면 결국 타고난 대로 살려는 마음이 행복의 비결인 듯싶다. 바보가 아인슈타인이 되지 못해 행복하지 못할 이유가 없고, 키가 작은 사람이 마이클 조던처럼 농구를 할 수 없다고 해서 불행해할 필요도 없다는 것이다.

누구나 타고난 특성이 모두 다르며, 자신에게 주어진 안에서 얼마든지 행복을 찾을 수 있다.

일류대에 가서 행복한 것도 아니고, 돈이 많다고 해서 모두 행복한 것도 아니다.

그리고 덧붙이자면 행복을 느끼려는 마음이 더 중요한 것 같다.

누구는 붕어빵 한 봉지에 행복할 수 있지만, 또 누구는 철갑상어알 요리에 온갖 산해진미에도 불행할 수 있다.

예전에 어느 티브이 프로그램에서 각자 자신이 가장 소중한 사람에게 선물하고 싶은 책을 소개하는 코너가 있었다.

제각기 나름대로의 이유와 근거를 대며 자신이 이 책을 선정한 이유를 설명했다. 그리고 마지막 출연자가 소개한 책은 '작은 것에서 기쁨을 느낄 수 있는 마음'에 관한 책이었다. 필자도 뭔가 한방 먹은 기분이었는데 곰곰이 생각을 해보니 그 출연자의 말에 적극 동의하게 되었다.

내가 가장 사랑하는 사람에게 주고 싶은 것은 금은보화가 아니라 기쁨을 느낄 줄 아는 마음이다. 그리고 이것은 다른 이들과의 비교를 통해서는 결코 얻을 수 없는 것이리라는 생각이 든다.

part C

13.

경제학에 있어서 마음의 문제

말 한마디로 천냥 빚을 갚는다는 속담이 있다. 여기서 말 한마디는 단순히 말 한마디가 아닌 말 이상의 감동 어린 진심을 이야기하는 것이리라.

현대의 경제이론이 결정적으로 간과하는 것이 바로 이런 것이다. 현대의 경제이론에선 '말 한마디로 천냥 빚 갚는다'는 속담은 도저히 설명할 수 없는, 이상한 나라의 앨리스에서나 있을 법한 이야기다.

즉, 현대경제학은 마음의 문제를 설명할 수 없다.

같은 500만원이라도 1억원 같은 가치의 500만원도 있고, 10만원 같은 가치의 500만원도 있다.

재벌회장의 성매매 대금 500만원과 푼돈을 평생 모아 기부하는 500만원은 경제이론으로는 같은 500만원이지만 인간의 마음에 와닿는 가치로서의 금액은 사뭇 다르다.

그리고 인간이 인간이게 하는 가장 핵심요소가 마음이라는 걸 생각한다면, 우리는 우리가 쓰는 돈의 무게를 더 값나게 쓰도록 노력해야 할 것이며, 현대 경제학은 '인간의 마음의 간과'라는 약점을 분명히 인정하는 데서 논의의 재시작점으로 삼아야 할 것이다.

14.

천도天道와 인간의 도리

사기 열전 첫 장을 보면 백이와 숙제의 고사를 이야기하면서 과연 '착한 이가 곤경에 빠지는 것이 하늘의 도인가?'라고 한탄을 한다.

백이와 숙제는 지조를 지켜가며 청렴결백하게 삶을 영위한 사람들이지만 수양산에서 고사리를 뜯어먹다가 굶어 죽는다. 반면 춘추시대 말기의 도적 도척은 날마다 죄 없는 사람을 죽이고 그들의 간을 날로 먹었다. 잔인한 짓을 하도 수천 명의 무리를 모아 제멋대로 천하를 돌아다녔지만 끝내 하늘에서 내려준 자신의 수명을 다 누리고 죽었다.

그러면서 다음과 같이 천도에 의문을 갖는다.

최근 사례를 살펴보면 하는 일이 올바르지 않고 법령이 금지하는 일만을 일삼으면서도 한평생을 호강하며 즐겁게 살고 대대로 부귀가 이어지는 사람이 있다. 그런가 하면 걸음 한 번 내딛는 데도 땅을 가려서 딛고, 말을 할 때도 알맞은 때를 기다려 하며, 길을 갈 때는 작은 길로 가지 않고, 공평하고 바른 일이 아니면 떨쳐 일어나서 하지 않는데도 재앙을 만나는 사람은 그 수를 헤아릴 수 없을 만큼 많다. 이런 사실은 나를 매우 당혹스럽게 한다. 만약에 이러한 것이 하늘의 도리라고 한다면 옳은 것인가? 그른 것인가?

만약에 이러한 것이 하늘의 도리라고 한다면 이에 대해 어떤 말을 해야 하는가?

하늘은 인간사에 관여하지 않는다. 하지만 인간

에게 남겨진 몫이 있으니 바르고 착한 사람이 복을 받고, 그렇지 못한 사람이 벌을 받는 세상을 만들어 나가야 한다.

일개 한 사람이 세상을 바꿀 수는 없다. 하지만 한 사람, 한 사람의 의식이 모여 그러한 세상을 만들 수 있다. 즉, 개개인이 바르고 착한 사람을 가까이 하고, 그렇지 못한 사람을 멀리하는 마음가짐을 가질 때 그러한 세상에 조금씩 가까이 갈 수 있다.

하늘이 인간을 내었으되, 바른 세상을 만들어 가는 것은 인간의 몫이자 도리이다.

15.
부자들의 행복의 조건

경제이론 중에 한계효용체감의 법칙이란 것이 있다. 소비량이 늘어날수록 만족도는 점점 줄어든다는 이론인데 쉽게 얘기해서 사과를 한 개, 두 개… 열 개 이렇게 섭취량이 늘어나면 그에 비례해서 만족은 줄어든다는 이야기이다. 이를 돈에 적용하면 돈이 점점 늘어나면 그에 따른 만족도 줄어들게 된다. 1000억원을 가진 사람에게 100만원이 더 생긴들 그 감흥이 얼마나 될까?

부자들은 가진 돈이 많을수록 그에 대한 감흥이 적어지는 역설이 성립하는 것이다. 그리고 돈 귀한 줄을 모르게 되며, 돈이면 무엇이든 할 수 있다는 물질만능주의에 빠지기 쉽다.

어느 월급쟁이 남자가 부자인 여자를 사랑하게 되었다. 그런데 푼돈 아껴서 무슨 선물을 해도 감동이 없더란다. 그 여자 입장에선 언제든 마음만 먹으면 획득할 수 있는 물건일 뿐인 것이다.

이러한 부자들의 불행 요소 중에 또 한 가지는 자식농사를 망치는 경우가 허다하다는 것이다.

자식을 교육하는 데 있어 원하는 것을 모두 들어주면 절대로 안 된다. 때로는 원하는 것을 얻을 수 없게끔 느끼게 하는 것도 중요한 교육인 것이다.

그러나 부자들은 이런 교육이 쉽지 않다. 아버지가 백만장자라는 것을 아는데, 이를 저지하기가 힘들어지는 것이다.

그러면 부자들이 행복하기 위한 조건은 무엇일

까?

첫째, 일 자체에 보람을 느낄 수 있는 마음이 있어야 한다.

둘째, 선물 등 물건 자체의 액면가치 이전에 그 물건에 담긴 마음을 느낄 수 있는 감성이 필요하다.

셋째, 주변 이웃과 나눌 줄 아는 마음이 중요하다. 어려운 이를 도와줄 때, 도움받은 이의 기쁨을 함께 느끼는 것은 그 무엇과도 바꿀 수 없는 행복이 된다.

돈만 많으면 불행해지기 쉽다. 그리고 위의 3가지를 갖춘 부자는, 오히려 부자라서 불행해지는 역설에 빠지지 않을 수 있다.

16.

손권의 리더십

손권은 유비, 조조와 함께 위, 촉, 오의 삼국을 이끌어간 리더이지만 유비, 조조에 비해 저평가된 측면이 없지 않다. 손권에게는, 유비가 왕실의 종친이었던 것처럼 배경이 있었던 것도 아니고, 간웅으로 평가된 조조의 지모를 가지고 있었던 것도 아니다.

그에게 일반적으로 붙여진 수식어라고 하면 수성守城의 달인 정도의 형용이다. 그러나 보통 수성이 창업보다 어렵다고 하거니와, 이러한 수성을 삼국의 리더 중에서 가장 탁월하게, 그리고 가장 오랜 기간 유지한 것이 손권이다. 손권의 어떤 면이 이러한 일을 가능하게 했을까?

1) 큰 인물은 인재를 대하는 태도부터 다르다

손권의 형인 손책은 오군태수 허공의 문객에 의해 중상을 입고 병을 다스리지 못해 죽고 만다. 임종을 앞두고 손권에게 대권을 넘긴다.

강동에서 패권을 쥐고 있던 손책은 군주로서의 자질은 미흡해 보인다. 성정性情이 너무나도 강하고 급하였으니 거대 집단의 리더로서는 결점이 많은 인물이었다. 손책은 임종을 앞두고 그의 동생, 손권에게 인수를 넘기면서

'권은 저보다 열 배나 나으니 족히 대업을 감당할 수 있을 것입니다'라고 어머니 오태부인에게 고한다.

손책이 사망하고, 대업을 이어받은 손권은 처음부터 범상치 않은 인물이었다. 어린 나이에 아버지 손견을 여위고, 이제 형인 손책까지 갑작스레 떠나보내게 되었으니 그 슬픔이 어찌 작을 수 있으랴.

그러나 그는 장소의 간언諫言에 마음을 추스르고, 내정은 장소, 외치는 주유에게 의탁하라는 형의 유언을 따라, 장례를 치르고 주유에게 해야 할 바를 묻는다. 그리고 그가 먼저 한 일이 인재를 모으는 일이었다. 이때 합류한 인물이 노숙, 제갈근, 고옹 등이었다. 인재를 대하는 그의 태도는 스승을 대하는 듯 공손하고 겸손하였으니, 이들이 충정忠情을 다해 손권을 보필하게 된다.

2) 의견은 견지하고 있으나 독단적으로 결정하지 않는다

조조는 유비를 몰아내고, 형주를 차지하여 마침내 강동의 손권을 압박하기에 이른다. 이에 제갈량은 손권의 모사謀士 노숙과 함께 강을 건너 손권과 협상을 하게 된다.

조조의 압박을 앞에 두고, 손권은 백관들과 의논을 한다. 장소를 비롯한 대신들은 항복하는 것이

동오의 백성들이 편안할 뿐 아니라, 강동 여섯 군을 온전히 보전하는 길이라 설득한다.

이에 말없이 한숨을 쉬며 자리를 뜨자 노숙이 뒤따른다.

"사람들이 하는 말은 모두 장군을 그르치는 것들뿐입니다. 주공께서는 절대로 조조하게 항복하셔서는 안 됩니다."

"내놓는 의견들이 한결같이 내 뜻을 벗어나더니, 오로지 자경만이 나와 뜻이 같구려."

손권은 분명한 자신의 의견이 있었으나, 여론의 추이를 지켜보고 있었던 것이다. 물론 독단적으로 결단을 내릴 수도 있었다. 그러나 그러한 분열된 여론으로 항전하는 것은 여러모로 불리하다는 것을 알고 있었던 것이다.

어쨌든 선뜻 결단을 못 내리고 편안히 자지도 먹지도 못한다. 이 모습을 보고 오국태(손권의 작은어머니이며 이모)가 묻는다.

"무슨 일로 자지도 먹지고 못하고 그리 근심이 많으냐?"

"지금 조조가 강한江漢에 주둔하고 강남으로 쳐들어올 기세여서 문무관원들에게 물으니, 항복하자는 자도 있고, 싸우자는 자도 있습니다. 이렇게 주저하고 결정을 내리지 못하고 있습니다."

이 말을 듣고 오국태는 손책의 유언을 떠올리며 주유와 논의할 것을 권한다.

3) 결단을 내린 후에는 뒤돌아보지 않는다

주유가 돌아와 문무백관들과 격론을 벌인 후 마침내 손권은 결단을 내린다.

주유가 말한다.

"신은 주공을 위해 혈전을 맹세하니 진실로 만 번 죽어도 마다하지 않겠습니다. 다만 주공께서 의심하여 결단을 내리시지 못할까 두려울 뿐입니다."

그러자 손권은 허리에 차고 있던 보검을 빼들며 책상 한 모서리를 내리치며 말한다.

"누구든 조조에게 항복하자고 하는 자는 반드시 이 꼴이 될 것이다."

손권이 주유에게 보검을 내리며 말한다.

"만약 문무관원과 장수들 중에서 명령을 따르지 않는 자는 이 칼로 목을 베시오!"

결단에 이르기까지는 많은 우여곡절이 있었으나 결단의 순간에는 단호한 모습을 보여줌으로써 더 이상 여론이 분열되지 않도록 한 것이다.

그리고 결사 항전을 위한 준비 태세로 전환하여 조조의 침략에 대비하게 된다.

결국 삼국지의 절정이라 할 수 있는 적벽대전에서 조조군을 물리치고 수성에 성공하게 된다.

조조가 '내 아들이 손권과 같았으면 좋겠다.'라고 말하는 장면이 있다.

삼국지 전체에 걸쳐 손권은 비중이 크지 않아 보이나, 손권이 아니었다면 삼국지는 적벽대전에서 끝이 났을 것이다.

과연 출중한 리더십의 영웅이라 하지 않을 수 없는 인물이 손권인 것이다.

17.

인생의 영고성쇠榮枯盛衰

살다 보면 영고성쇠가 심하여 한 치 앞을 내다볼 수가 없다. 그리하여 불행인 줄만 알았던 일이 다행이 되기도 하고, 다행인 줄 알았던 일이 불행이 되기도 한다.

어느 선배가 여자 쪽 집안의 반대로, 결혼을 약속했던 여자 친구와 헤어지는 일이 있었다. 그리곤 이보다 큰 불행이 있으랴 생각했을 것이다. 그 후 그 선배는 시간이 흘러 더 좋은 여자를 만나서 결혼까지 했고, 그 여자는 가정을 잘 꾸려나간 것은 물론, 그녀는 나중에 대학교수가 되었다. 모르긴 몰라도 선배의 까다로운 성격상 헤어졌던 여자와 결혼에 이르렀다면 가정생활이 순탄치 않았을 거라 생각한다. 하지만 나중에 만나 결혼한 여자는 그런 선배의 성격을 감내해낼 수 있는 인격의 소유자였다.

필자의 후배 중에는 주식투자에 빠져있었던 녀석이 있었다. 그런 투자 쪽에 수완이 좋았는지 거의 반년 만에 2억원이 넘는 돈을 벌었다. 그러나 주식중독은 도박중독과 같아서 빠져나오기가 매우 어렵고 한다. 즉, 그만둬야 할 때임을 알고도 끊지를 못하는 것이다. 그 후배는 그러한 주식중독에서 헤어나오지 못하고, 결국 원금까지 다 까먹고 힘든 생활을 이어나가고 있다.

선배의 경우는 인생이라는 긴 흐름 속에서, 불행이 다행이 된 경우이고, 후배의 경우엔 다행이 불행이 된 경우이다.

그러니 당장 불행이 닥쳐온다 해서 낙심할 것도 아니고, 다행이 연이어 일어난다고 해서 기고만장해서도 안 된다. 인생의 영고성쇠榮枯盛衰는 변화가 심해서, 인간이 예측하기 힘들기에 그저 내 앞에 놓인 일을 묵묵히 해나갈 뿐이다.

18.

공자의 효

공자는 효는 모든 덕행의 근본이라고 말했다. 그리고 효경이라는 문헌에서 제자 증삼과 효에 관한 견해를 많이 펼쳐 보이고 있다.

그런데 의아스러운 것은 공자는 3세 때 아버지를 여위고, 18세경에 어머니마저 사망한다. 그렇다면 공자는 어떤 경험을 통해서 효에 관한 견문을 넓혔을까? 고작 18세까지의 경험을 통해 그와 같은 효에 관한 식견을 쌓았다고 보기엔 뭔가 석연치 않은 점이 많다.

맹무백이 효에 관해 물었다. 공자가 말하길
'부모는 오직 자식의 병만을 근심하십니다.'

〈논어 위정편〉

공자가 말하길 '아버지가 살아계신 동안에는
아버지의 뜻을 살피고, 아버지가 돌아가시면
아버지의 행적을 살펴본다. 3년 동안 아버지
가 하던 바를 바꾸지 말아야 효라고 할 수 있
을 것이다.'

〈논어 학이편〉

위의 글을 보면 부모가 자식에게 바라는 바를 말하는 것 같다. 즉, 공자에게 백어라는 아들이 있었는데 백어가 그렇게 해주길 바라는 마음을 말한 듯 보인다.

즉, 공자의 효는 부모가 자식에게 바라는 것을 실

천하는 것이라고 추정할 수 있다. 요즘이야 자식을 옥이야 금이야 키우며 자식이 부모에게 무언가 베풀면 효라고 여기는 경향이 짙지만 공자는 방향이 그 반대였던 것이다.

결론적으로 공자가 말한 효는 부모가 원하는 것을 자식이 실행하는 것이었다.

효의 진정한 의미가 무엇인지 곰곰이 생각해볼 문제이다.

part D

19.
역사 서술의 두 가지 방식과 시사점

역사 서술 방식에는 두 가지 방식이 있다. 즉, 객관적 의미의 역사와 주관적 의미의 역사가 그것이다. 객관적 의미의 역사는 다른 말로 사실로서의 역사라고도 하는데 과거에 일어난 모든 사건을 서술하는 방식이고, 주관적 의미의 역사는 기록으로서의 역사라고도 하면 역사가가 과거의 사건을 주관적으로 재구성하는 것이다.

객관적 의미의 역사 서술을 주장한 학자로는 랑케가 있고, 주관적 의미의 역사 서술을 주장한 학자로는 크로체, 카 등이 있다.

그런데 대부분 우리가 접하는 역사서는 주관적

의미의 역사이다. 역사가가 현재에 의미가 있는 사건을 선별해서 해석을 하는 방식이다.

여기서 드는 생각은 과연 객관적 의미의 역사, 즉 과거에 일어난 모든 사건을 서술하는 방식이 무슨 의의가 있을까 하는 것이다.

그러나 객관적 의미의 역사 서술 방식은 중요한 의의가 있는데, 주관적 의미의 역사의 토대가 되는 것이다. 과거에 일어난 사건을 실증적으로 검토하여 그 진위를 밝힌 사료만이 주관적 의미의 역사서술의 재료가 되는 것이다. 만일 일어나지도 않은 사실을 소재로 주관적 의미의 서술을 한다면 이는 큰 오류를 범하는 것이다.

이는 언론의 보도행위에도 적용될 수 있다. 언론이 만들어낸 일간지, 주간지 등은 하루의 역사, 일

주일간의 역사라고도 볼 수 있거니와, 실제 일어난 사실을 바탕으로 주관적 해석을 해야 하는 것이다. 일어나지도 않은 사건을 소재로 논의를 전개해가는 것은 시작점에서부터 성립될 수 없다.

최근에 가짜 뉴스 문제로 많은 부작용이 생겨나고 있다. 그리고 이런 가짜 뉴스로는 어떤 논의도 불가능하다.

이와 마찬가지로 언론은 일차적으로 실제로 일어난 사건인지 검증을 해야 한다. 그런 후에 주관적 해석이 가능한 것이다.

언론의 1차적 기능은 실제로 일어난 사건을 확인하는 것이다.

20.
공자의 생이지지

논어 계씨편에 보면 다음과 같은 구절이 있다.

> 生而知之者 上也 學而知之者 次也 困而學之 又其次也.

전통적으로 위 구절을 다음과 같이 풀이한다.

태어나면서부터 아는 자가 으뜸이요, 배워서 아는 자는 그다음이고, 곤궁해져 배우는 자는 또 그 다음이다.

그러나 필자는 다음과 같이 해석한다.

살면서 지혜를 넓히는 자가 으뜸이요, 배워서 아는 자는 그다음이고, 곤궁해져 배우는 자는 또 그다음이다.

즉, 전통적인 해석은 生을 '태어나다'로, 知를 '알다'고 풀이하는 것이다.

그러나 필자는 生을 '살다'로, 知를 '지혜'로 해석하는 것이다.

고대에는 知는 '알다'의 뜻과 '지혜'의 뜻이 혼재되어 사용되었다.

과연 태어나면서부터 안다는 것이 상식적인가?

유가철학 전공자들이 흔히 범하는 오류는 공자의 말은 모두 옳은 것으로 전제한다는 것이다.

바꾸어 말하면 공자를 무오류의 신의 경지에 오른 인물로 생각하는 것이다. 공자를 인간의 경지로 내려야 일반인도 공자를 배울 수 있게 된다. 공자가 신이라면, 인간인 우리는 범접할 수 없는 관계가 되는 것이다.

그러나 필자는 生而知之를 살면서 지혜를 넓히다, 즉 '삶의 경험을 통해 지혜를 넓힌다'라고 해석한다. 그러고 나서 學而知之 즉, '배워서 지혜를 넓힌다'라고 나온다. 다시 말해 삶의 경험을 學보다 더 높은 경지로 여기는 것이다.

요즘 말로 해서 소위 SKY대학 나오는 것보다 인생을 통해서 축적된 경험이 한수 위라는 말이다.

조금 배웠다고 무조건 못 배운 사람을 무시하는 인텔리에게 경종을 울리는 공자의 말인 것이다.

21.

强(강)? 剛(강)!

흔히 이상적인 성품의 인간형으로 外柔內剛(외유내강)형 인간을 꼽는다. 외유는 겉으로 드러난 성품이 부드럽다는 의미이고 내강의 剛(강)은 굳세다는 의미이다.

한글의 음이 똑같기 때문에 强(강할 강)과 혼동하는 경우가 많다. 그렇다면 强과 剛, 즉 강하다는 것과 굳세다는 것은 어떻게 다른가?

强은 외부적으로 드러나는 힘이 '세다'는 의미이고 剛은 내면적으로 굳센, 다시 말해 어떤 어려움이나 시련이 와도 이겨내는 힘을 말한다.

强한 사람은 타인과 부딪치기 쉽고 또한 반드시

언젠가 더 强한 상대와 만나게 된다.

반면 剛한 사람은 어떤 외부적 충격이 와도 꿋꿋이 견디어 자신의 길을 개척해나간다.

훌륭한 업적을 쌓은 인물은 대부분 剛한 사람이지 强한 사람이 아니다.

당신은 과연 어떤 사람이 되기를 원하는가?

22.
감각 감성 감정의 구분

감각 감성 감정, 이 세 단어는 비슷해 보이지만 구분되어서 사용되어야 할 용어이다.

우선 감각은 외부로부터 자극을 받는 것을 말한다. 쉽게 이야기해서 시각, 청각, 미각, 촉각 등과 같은 것을 말한다. 그리고 다시 수동적 감각작용과 능동적 감각작용으로 나눌 수 있는데 수동적 감각작용은 시각의 경우를 예로 들면 의지와 상관없이 보이는 것을 일컫는 말이다. 반면 능동적 감각작용은 자신의 의지에 따라 보지 말아야 할 것과 봐도 될 것을 구분하여, 봐도 될 것을 선택적으로 취하는 것이다.

두 번째로 감성은 감각기관으로부터 받아들인 자극에 의해 일어나는 내적인 변화를 말한다.

마지막으로 감정은 감성이 외부로 발산되는 것이다. 이는 말, 표정, 몸짓 등으로 표출된다.

컴퓨터로 비유하자면 감각은 입력작용, 감성은 연산작용, 감정은 출력작용이라고 할 수 있다.

중용에 다음과 같은 구절이 나온다.

기쁨과 노여움과 즐거움이 아직 발동하지 않은 것을 中(중)이라 하고, 발동하여 모두 절도에 맞는 것을 和(화)라고 한다. 중은 천하의 큰 근본이요, 화는 천하에 두루 통하는 道(도)이다.

중과 화를 이루면 천지가 자리를 만물이 길러진다.

여기서 中(중)은 결국 감성작용을 말하고, 和(화)는 감정작용을 말하는 것이다.

그리고 덧붙여서 좋은 것, 아름다운 것만을 감각기관으로 느끼도록 하는 능동적 작용이 필요하다.

결국 감각, 감성, 감정을 올바르게 갖는 것이 중용의 핵심 구절인 中和(중화)의 내용인 것이다.

23.
화에 관하여

중국철학에서 흔히 감정을 희, 노, 애, 락으로 분류한다. 그리고 가장 어려운 감정이 노, 즉 화이다. 희는 기쁨, 애는 슬픔, 락은 즐거움을 나타내며 외부와의 관계에서 크게 마찰을 일으킬 소지가 적다. 그러나 화는 잘못 발산되면 관계가 틀어지기까지 한다. 그렇다면 화를 어떻게 내야 하는가?

필자의 경험을 빗대어 이에 대한 견해를 밝히고자 한다.

대학원에서 필자는 교만함이 있어서 아는 척을 했었다. 그리고 A교수는 수업 중에 불같이 화를 냈다. 곰곰이 생각을 해보니 충분히 납득이 되는 상황이었고, 이후 항상 겸손함을 견지하는 계기가 되었다. 즉, 필자에게 두고두고 약이 된 것이다.

한편 B교수는 논문지도 과정에서 소리를 지르며 화를 낸 적이 있었다. 그리고 이 경우는 도저히 납득이 되지 않았다. 논문지도라는 것은 말 그대로 학생의 부족한 부분을 일깨워주는 과정이지 화를 내서 진행되는 과정이 아니기 때문이다. 결국 필자는 B교수와의 관계를 끊고 다른 학교로 옮기게 되었다.

화도 두 가지로 구별할 수 있다. 누구나 납득이 되는, 그래서 교훈이 되는 화가 있고, 도저히 납득이 되지 않아 관계가 틀어지는 화가 있는 것이다.

다시 말해 화도 상황에 맞게 적절하게 발산되면 긍정적인 효과를 낳는 반면, 잘못 발산되면 부정적인 효과를 가져오게 된다.

화는 분명 인간이 가지고 있는 감정이다. 그리고 화를 냈을 경우, 이에 대해서 자신을 겸허하게 되돌아보는 과정을 갖는 것이 중요하다. 그리고 이러한 과정이 축적되어 긍정적이니 효과를 가져오는 '화'의 경지에 이를 수 있는 것이다.

24.

인간의 본성에 관한 고찰

중국철학에서 인간의 본성에 관한 문제는 중요한 논쟁거리 중의 하나이다. 과연 인간의 본성은 선한가 악한가? 이에 맹자의 성선설과 순자의 성악설을 살펴보고, 필자의 견해를 피력하고자 한다.

맹자의 성선설을 살펴보자. 맹자는 인간의 본성은 선하다고 주장한다. 그리고 의지적인 노력으로 덕성을 높일 수 있는 단서를 천부적으로 갖추고 있다고 본다. 그리하여 그러한 덕성을 높임으로써 성인이 될 수 있다고 말한다.

반면 순자는 성악설을 주장하였는데 인간의 성품

은 악하지만 선한 것은 인위적인 노력의 결과라고 주장한다. 즉, 악한 본성이 인위적인 노력으로 선하게 될 수 있다고 말하며, 훌륭하고 가치 있는 것은 모두 인간 노력의 결정이라고 한다.

필자는 조금 다른 견해를 가지고 있는데 인간은 태어나면서부터 선의 씨앗과 악의 씨앗을 가지고 있다고 본다. 그리고 여러 요인으로 인해 선의 씨앗이 더 많이 자라기도 하고, 악의 씨앗이 더 자라기도 한다. 그리하여 선의 씨앗이 많이 자란 사람은 선한 행위를 할 가능성이 높은 반면 악의 씨앗이 더 많이 자란 사람은 악한 행위를 할 가능성이 높아진다.

그리고 인간은 대체로 성년 이후부터 이러한 선의 씨앗과 악의 씨앗의 성장을 스스로 조절할 수 있는 능력이 생겨난다.

유의할 것은 아무리 선한 사람-선한 씨앗이 더 많이 커진 사람-도 악의 씨앗을 가지고 있으며, 아무리 악한 사람이라도 선의 씨앗을 가지고 있다. 그리하여 선한 사람도 경우에 따라서 악한 행위를 할 가능성이 항상 존재하며, 악한 사람은 그 반대이다.

그리하여 사람은 평생 선한 씨앗을 키우려는 노력을 게을리해서도 안 되고, 악한 사람도 선의 씨앗을 키우는 노력을 통해 선한 사람으로 변할 수 있다.

결론적으로 인간은 선의 씨앗도 가지고 있으며 악의 씨앗도 가지고 있고, 항상 선의 씨앗을 키우고, 악의 씨앗의 성장을 억제하려는 노력이 필요하다.

part E

25.

탐욕은 모든 분쟁의 씨앗

<맹자> 맨 첫머리에 다음과 같은 말이 나온다.

> 맹자께서 양혜왕을 뵈시니, 왕이 말씀하였다.
> '노인께서 천 리를 멀리 여기지 않고 오셨으니, 또한 장차 내 나라를 이롭게 함이 있겠습니까?'
> 맹자께서 대답하셨다. '왕은 하필 利(리)를 말씀하십니까? 또한 仁義(인의)가 있을 뿐입니다.'
> …(중략)…
> '왕께서는 또한 인의를 말씀하실 따름이니, 하필 利(리)를 말씀하십니까?'

이에 대해 중국 송나라 때의 도학자 주자는 <맹자집주>에 다음과 같은 주를 달았다.

> 아, 利(리)는 진실로 亂(난)의 시초이다… 夫子(부자: 공자를 말함)께서 利(리)를 드물게 말씀하신 것은 항상 그 亂(난)의 근원을 막으려 하신 것이다. 그러므로 말씀하시기를 '利(리)에 따라 행동하면 원망이 많다'…

여기서 利(리)를 탐욕으로, 亂(난)을 분쟁으로 바꾸어 쓰면 어떨까?

욕심이 지나치면 탐욕이 되고, 탐욕은 분란으로 이어지게 된다. 자본주의 사회에서는 흔히 돈에 대한 집착의 모습으로 나타나는데, 역사적으로 이러한 돈에 대한 집착, 즉 탐욕으로 일어난 역사적 비극은 수없이 많다.

20세기의 가장 큰 비극이었던 1, 2차 세계대전도 그 뿌리는 식민지 쟁탈이었고, 이는 탐욕이 국가적인 형태로 나타난 경우이다.

또한 개인적으로도 재산을 놓고 형제간에 벌어지는 폭력 등도 결국 탐욕이 낳은 결과이다.

전 세상의 사람들이 탐욕을 반으로 줄이면, 대부분의 분쟁이 생기지 않을 것이다. 그리고 세상을 바꾸는 가장 첫 번째 단추는 '나'부터이다.

법정 스님은 '무소유의 삶'을 실천한 것으로 알려져 있다. 또한 최근에 '미니멀 라이프'라는 이름으로 '적게 갖기' 열풍이 일었다. 이러한 생활방식을 몸에 배게 하기 위해서는, 매 순간 노력이 필요하다.

매 순간 소유의 기회가 생길 때마다 이것이 꼭 내게 필요한 것인가 묻는 수행자와 같은 마음가짐을 잊지 말아야 한다. '풀소유'를 지향하던 마음이 어떻게 하루아침에 바뀔 수 있겠는가? 지금부터, 나부터 바꾸는 노력이 나를 바꾸고, 세상을 바꾼다.

26.

국부론의 이기심에 관하여

애덤 스미스가 쓴 국부론은 경제학의 출발점이 된 고전으로 유명하다. 그리고 '보이지 않는 손'의 기능에 관한 부분은 이 책의 백미로 여겨진다. 그리고 이러한 작동원리의 근저에 인간의 이기심을 전제한다. 이기심은 풍부한 천연자원이고, 인간의 이타심에만 의존하다 보면, 국가는 빈곤해질 수 있다고 주장한다. '우리가 저녁 식사를 기대할 수 있는 것은 정육점 주인이나 양조장 주인, 또는 빵집 주인의 자비가 아니라 그들이 자신들의 이익, 즉 돈벌이에 관심이 있기 때문이다' 라고 말한다. 이어서 이기심이 친절, 이타심 또는 희생정신보다 더 강력하고 꾸준하게 동기를 불러일으킨다고 주장하며,

사회는 이타심과 같은 고귀한 동기에 자신의 미래를 맡겨서는 안 된다.

필자가 말하고자 하는 것은 고삐 풀린 망아지처럼 발휘되는 이기심을 사회적으로 용납할 수 있는가? 친절, 이타심이 없는 사회에 사는 것이 행복한 삶이 될 수 있겠는가? 라는 물음이다.

실제로 영국은 산업혁명 이후 애덤 스미스의 경제사상을 지렛대로 삼아 엄청난 경제적 부를 이루었다. 하지만 그 과정에서 노동력 착취 문제가 심각한 사회문제가 됐고, 이는 이러한 자유경제에 던지는 경고장과 같았다. 기업인들의 제어되지 않은 이기심이 노동력 착취와 같은 사회 문제를 낳았고, 이는 단지 노동자만의 문제가 아닌 그 사회가 갖게 되는 아킬레스건이 된다.

여기서 중용이란 단어를 떠올려야 한다. 중용이란 한마디로 말하면 '과하지도 부족하지도 않은 상태'라고 할 수 있다. 그리고 사회가 이타심에만 의존하는 것도 문제일 수 있지만, 절제되지 않은 이기심을 방치하는 것은 더 큰 문제가 될 수 있다.

과연 애덤 스미스가 자신의 사후에 영국에서 벌어진 비참한 노동력 착취를 목격했다면, 다음과 같이 국부론의 구절을 수정했을 것 같다.

'절제된 이기심과 적절한 이타심이 행복한 사회를 만든다'

27.

소수 의견에 귀 기울여야 하는 이유

언제인가 중요한 국가 대항 축구 경기에서 주심의 판정에 관하여 논란이 일어났다.

한국이 골을 넣었지만 주심이 오프사이드를 선언하여 그 골이 취소가 된 사건이다. 이에 대해 대중은 흥분하며 그 주심을 비난했고, 다만 어느 축구인만이 주심의 판정이 옳았다고 주장했다. 그런 뒤에 그 축구인은 어떻게 됐을까?

엄청난 비난 속에 그 축구인은 방송사 해설위원직을 내려놓아야 했다. 과연 남들이 'yes'라고 할 때 'no'라고 말하는 것이 쉬운 일인가?

역사 속에도 그와 비슷한 일들은 많이 일어난다. 가장 대표적인 것이 천동설, 지동설 논쟁이다. 지금이야 지동설이 당연한 것으로 여겨지지만, 중세 시대에는 그렇지 않았다. 천동설이 당연한 것이었고, 지동설을 주장하는 자는 엄청난 비난과 시련을 겪어야 했다. 당시엔 천동설이 'yes'였고 지동설이 'no'였던 것이다. 그러나 과학의 발달로 지동설이 옳은 것으로 판명이 났다.

이것은 과학적으로 명확히 밝혀질 수 있는 성질의 것이지만, 인간 세상에는 그렇지 않은 것이 더욱 많다. 사회를 살면서 딱 부러지게 설명할 순 없지만, 시간이 흐르면서 자연스럽게 그러한 반대의견에 고개를 끄덕이게 되는 경우도 있는 것이다.

우리는 소수의 의견이라는 이유로, 또는 나와 다

른 의견이라는 이유로 무시하고 비난의 대상으로 삼는 일이 무자비한 폭력이 될 수 있다는 사실을 깨달아야 한다.

28.

소득 양극화의 원인에 관한 생각

현 한국 사회의 문제점을 진단할 때 '소득 양극화' 문제를 빼놓을 수 없다. 그러나 이러한 소득 양극화의 원인을 똑 부러지게 진단한 의견은 찾기 힘들다. 병이 생겨서 치료를 하려면 우선 그 병의 원인을 정확히 알아야 한다. 그런데 원인을 알 수 없으면 치료도 요원해질 수밖에 없다.

한국 사회는 '정보화는 앞서가자'는 구호 아래 인터넷 보급률 세계 1위, 인터넷 속도 세계 상위권 등의 성과를 이루어 냈다. 그리고 그러한 정보화를 바탕으로 아날로그에서 디지털로 넘어가는 시기에 잘 대응해서 전자산업에서 1위를 다투는 국가로 거듭났다.

문제는 이 부분이다. 바로 디지털이 양날의 검이 된 것이라고 생각한다. 디지털은 편리함과 함께 수많은 사회인력을 감축시켜왔다. 예전에는 수십 명이 달라붙어야 해결될 수 있는 은행 업무가 단지 인터넷, 스마트폰 앱의 간단한 조작으로 해결이 된다. 인공지능(AI)이 발전해서 이제는 식당 서빙 일도 디지털이 대체할 수 있게 되었다. 앞으로 '자율주행차'가 성공적으로 개발되면 수많은 운전직 직업을 대신하게 될 것이다.

이와 같이 급속한 디지털화는 한국 사회를 편리하고, 살기 좋은 곳으로 만든 것도 사실이지만 그와 비례해서 일자리가 줄어들고, 결국 고도의 판단력이나 창의성이 필요한 직종만이 남게 된다. 이에 따라 소득의 편차도 점점 벌어지게 되어, 한편에선 수십억짜리 빌딩에서 생활하는 부류가 있는가 하면, 당장 한 달 후의 생활을 걱정해야 하는 부류도 생겨나게 되었다.

또한 젊은이들의 일자리도 급속하게 줄어들어, 아무리 노력해도 취업할 수 없는, 암담한 현실에 맞닥뜨리게 되었다.

시대가 바뀌면 세상을 보는 관점도 바뀌어야 하고, 그에 따라 해결책도 달라야 한다. 이 시대 정책을 만드는 고위직 정책입안자들은 이점을 고민하면서 적절한 대책을 만들어 나아가야 한다.

29.

인식의 두 방식

어느 도덕심리학 책에 다음과 같은 내용이 있다.

키우던 개가 교통사고로 죽게 되자 그 주인이 죽은 개를 식용으로 먹었는데 이런 행위가 옳은 것인지에 관해 여러 사람들에게 물어보았다는 것이다.

어떤 사람은 옳지 않다고 했지만 또 어떤 사람은 딱 부러지게 옳고 그름을 답하지 못하더란 것이다. 어차피 죽은 개이고, 식용으로 쓴 행위에 대해 잘못됐다고 하기도 그렇지만, 그렇다고 옳은 행위라고 하기도 애매한 것이다.

이 부분에서 필자는 다음과 같이 생각한다.

인간의 인식에는 두 가지 다른 방식이 있다는 것이다. 즉, (옳다/그르다)의 방식과 (좋다/싫다)의 다른 인식이 있다는 것이다.

그리고 위에서 예로 든 교통사고로 죽은 개를 요리해 먹은 행위는 (옳다/그르다) 차원의 문제가 아니라 (좋다/싫다)라는 차원의 문제이다. 이러한 구분에 대한 이해가 없으면 이 문제에 대해 명확히 판단 내릴 수 없게 된다.

덧붙여 말할 것은 일상생활에선 보통 (좋다/싫다)라는 차원의 인식으로 사물 혹은 사건을 접하게 된다. 그리고 이러한 (좋다/싫다) 차원의 인식이 명확한 판단에 근거한 확신을 얻었을 때 (옳다/그르다) 차원의 문제가 되는 것이다.

그리고 경험론과 합리론의 논쟁에서 경험론이 (좋다/싫다)의 문제이고, 합리론이 (옳다/그르다)의 문제라면 이러한 논쟁에 대한 해답에 의미 있는 단서가 될 수 있다.

30.

길게 보면 성적보다 인성

사서 중 하나인 〈대학〉에 다음과 같은 구절이 나온다.

> …1) 어떤 한 신하가 꿋꿋이 성실하고 변함이 없어 다른 재능은 없으나 그 마음은 너그러워서 남을 포용할 도량이 있는 듯하고 …
>
> …(중략)…
>
> …2) 남이 가진 재능을 시기하고 미워하며… 남을 포용할 수 없는 자라. 또한 나라를 위태하게 할 것이다.

1)은 조금 재능은 떨어지나 마음이 너그럽고 인성이 바른 인재를 말하는 것이고

2)는 재능이 있더라도 덕이 부족해서 남을 포용할 수 없는 자를 말하는 것이다.

두 인재상을 대비적으로 비교하여 어떤 인재를 선발해야 하는 지를 분명히 밝히고 있다.

부하직원을 부려본 사람은 공감할 수 있을 것이다. 지시를 내리면 배우려는 자세로 성실하게 받아들이는 자와 그 반대인 자. 당장은 전자가 떨어져 보이는 듯 하나 시간이 흐르면 흐를수록 1)의 인재는 진가가 드러나는 반면 2)의 인재는 조직에 적응하지 못하고 끝까지 속을 썩이게 된다.

이러한 메시지는 교육철학과도 연관 지을 수 있

는데, 결국 인생은 길고, 길게 보면 인성이 당장의 성적보다 중요하다는 것이다.

그러니 현재의 학교 성적을 위해서라면 인성이야 어떻든 괜찮다는 사고는 매우 위험하다. <대학>의 위 구절은 사람을 채용할 때뿐 아니라 자녀를 교육할 때 갖춰야 할 태도로써의 교훈도 주는 의미심장한 구절인 것이다.